Josef Schroer

Zart schmelzende Versuchungen

Schokolade

FALKEN VERLAG

SCHOKOLADE — EIN HIMMLISCHES GESCHENK

Was wäre, wenn Quetzalcoatl, der Wind- und Mondgott, nicht zu den Menschen herabgestiegen wäre und ihnen die sagenumwobenen Wundersamen persönlich überreicht hätte? Ganz einfach, wir müßten heute auf eines der beliebtesten Naschwerke – Kakao und Schokolade – verzichten. Die Azteken priesen das gottgewollte Geschenk in den höchsten Tönen und verstanden es, daraus ein schmackhaftes Getränk zuzubereiten. Mit den spanischen Eroberern kam es dann an den spanischen Hof und die Kakaobohne trat den Siegeszug in Europa an.

Bald schon begannen findige Köpfe, die Xocoatl, wie die Schokolade bei den Azteken hieß, zu verfeinern und auf den europäischen Geschmack zuzuschneiden. Schon im Jahre 1836 wurden in Frankreich 3 000 t Rohkakao, teils zu Getränken und teils zu Schokolade verarbeitet.
1880 wurde in der Schweiz die erste Schmelzschokolade hergestellt. Treppchen für Treppchen stieg nun die Schokolade in den Feinschmeckerhimmel und bei jung und alt besteht bis heute kein Zweifel: Die Schokolade ist eine himmlische Verführung.

INHALT

EINLADUNG INS SCHOKOLADENPARADIES

Eigentlich müßte es heißen: „Der Himmel hängt voller Schokolade“, denn süßer und verführerischer können selbst Geigen nicht sein. Bis jedoch die zart-schmelzende, verführerische, braune Köstlichkeit aus den weißen Kakaosamen entsteht, ist es ein langer Weg. Ein kräftiger Schlag mit der Machete verhilft den Samen ans tropische Licht und liefert damit das Rohprodukt für all die süßen Schlemmereien.

Von der Bohne zur Kakaomasse ...

Es ist schon ein kleines Wunder, daß aus dem Kakaokern eine so süße Schlemmerei wie Schokolade entstehen kann, denn die Kakaobohne ist im Rohzustand bitter und ungenießbar.
Mit viel Wärme und unter hoher Luftfeuchtigkeit wächst der tropische Kakaobaum heran. Das Hauptanbaugebiet liegt heute in Afrika, aber auch im Heimatland der Schokolade, in Südamerika, sind noch viele Kakaobäume zu finden.
Die Bäume tragen das ganze Jahr über gleichzeitig Blüten, reife und unreife Früchte, die direkt am Stamm sitzen. Die Früchte sind länglich-oval und haben eine feste und rauhe Schale, deren Farbe grüngelb bis rotbraun ist. Das Innere besteht aus einem weißen Fruchtmus, in das etwa 20–40 Kakaokerne eingebettet sind. Während eines Jahres können etwa 3 kg Samen geerntet werden. Bekannte Kakaosorten sind der Criollo- und der Forasterokakao. Der Criollobaum ist der Edlere von beiden. Seine Früchte werden für die besten Schokoladen verwendet. Der Baum ist sehr empfindlich gegenüber Witterungseinflüssen, und seine Ernte fällt entsprechend geringer aus.
Nach der Ernte werden die Früchte zu sogenannten Fermentationsplätzen gebracht. Durch einen kurzen Schlag mit der Machete wird die Frucht geöffnet und die Samen werden aus der Frucht gekratzt. Der anschließende Fermentationsprozeß ist für die Gewinnung von hochwertigem Rohkakao entscheidend. Je nach Sorte dauert diese Fermentation 2–6 Tage. Dabei wird die Keimfähigkeit vernichtet und die Bitterstoffe werden abgebaut. Das typische Kakaoaroma entwickelt sich. Der fermentierte Rohkakao wird gewaschen, getrocknet und in Güteklassen eingeteilt. In Jutesäcken verpackt, nimmt der Kakao auf den großen Überseefrachtern Kurs auf die Häfen Europas und Nordamerikas.
Dort angekommen, wird er gereinigt und geröstet. Dadurch soll eine bessere Bekömmlichkeit erzielt werden. Vor allen Dingen aber werden hierdurch der Geschmack und das Aroma wesentlich beeinflußt. Ein wichtiger Vorgang beim Rösten ist das Lösen der Schale und des Keimes vom Kakaokern. Durch die Hitze hebt sich die Schale ab, wird spröde und läßt sich dann leichter entfernen. Dieser Vorgang wird heute vollautomatisch von Maschinen übernommen. Durch verschieden starke Luftströme und Absauganlagen werden Kern, Schale und Keimwurzel voneinander getrennt. In speziellen Kakaomühlen werden die Bohnen fein gemahlen und es entsteht ein dickflüssiger Brei, der nach dem Abkühlen erstarrt. Schon beim Mahlen wird durch das Mischen verschiedener Kakaosorten und durch den Ausmahlgrad die Qualität des Endprodukts bestimmt. Die Kakaomasse ist nun bereit zur Weiterverarbeitung.

… UND WAS DARAUS ALLES WIRD

Der gemahlene Kakaobrei, die Kakaomasse, kann nun zu Schokolade, Kakaopulver und Kakaobutter verarbeitet werden. Durch Pressen der Kakaomasse wird die Kakaobutter gewonnen, das Kakaopulver bleibt zurück. Die Grundstoffe für die köstlichen Naschwerke sind fertig: Kakaomasse zur direkten Herstellung von Schokolade, Kakaobutter, die gereinigt wird und dann zur Verfeinerung und Herstellung von Schokolade mit hartem Bruch und feinem Schmelz verwendet wird, und das Kakaopulver, das wir für die feinen Kakaogetränke verwenden.

Zur Schokoladenherstellung wird die Kakaomasse mit Kakaobutter, Zucker und je nach Rezept mit verschiedenen Aroma- und Gewürzstoffen (u. a. Vanille) und anderen Zutaten in großen Rührmaschinen zu einer homogenen Masse verarbeitet. Der Zuckergehalt liegt bei Bitterschokolade etwa um 40% und bei süßer Schokolade um 50%. Jetzt kommt diese Masse in große Walzen, in denen sie zu kleinsten Splittern zerdrückt wird. Den Schliff erhält die Schokolade beim Konchieren. Konchen sind große Tröge, in denen die Schokolade 2–3 Tage hin und her bewegt wird; dadurch entsteht der zarte Schmelz und ein guter Bruch. Die Schokolade wird dabei auf 50–80°C erhitzt und durch Zugabe von Lecithin geschmeidig gemacht. Durch diese Art der Verarbeitung entfalten sich auch die Aromastoffe besser, die selbst den verwöhntesten Gaumen jubilieren lassen.

Schokolade zum Unterscheiden

Der Verbraucher unterscheidet meist nur helle und dunkle Schokolade. Da die Qualität der Schokolade aber wesentlich das Ergebnis unserer Rezepte beeinflußt, stellen wir Ihnen die wichtigsten Schokoladensorten vor.

Haushaltsschokolade
Dies ist eine sehr preiswerte Schokolade, bei der die Zutaten gemischt und gewalzt werden. Sie ist qualitativ nicht sehr hochwertig.

Schmelzschokolade
Durch die Bearbeitung der Schokoladenmasse in den Konchen erhält diese Schokolade einen zarten, feinen Schmelz.

Milchschokolade
Dieser Schokolade wird außer den üblichen Zutaten noch Milchpulver zugesetzt. Daneben kann sie noch mit Nüssen, Rosinen, kandierten Früchten, Mandel- oder Nußmus vermischt sein.

Gefüllte Schokolade
Hier kommt es in erster Linie auf die Füllung an. Fruchtmark oder ganze Früchte, Liköre oder andere flüssige Aromaträger werden in die Schokoladenmasse eingeschlossen. Die Trennung zwischen Füllung und Schokolade ist hier sehr deutlich.

Weiße Schokolade
Die weiße Schwester wird hergestellt aus Kakaobutter, Milch, Zucker und Aromastoffen. Sie enthält keine Kakaomasse und bleibt daher hell.

Kuvertüre
Die Kuvertüre ist ein Produkt, das bei der Herstellung von Pralinen, beim Überziehen und Tunken eine große Rolle spielt, sie enthält einen höheren Anteil an Kakaobutter. Zum direkten Verzehr ist Kuvertüre nicht bestimmt, sondern zur Weiterverarbeitung. Zu kaufen gibt es die Kuvertüre am Block. Verwechseln Sie die Kuvertüre nicht mit der Blockschokolade, diese ist eine Schokolade von sehr einfacher Qualität und kommt in einer Blockform auf den Markt.

Das Handwerkszeug

Um Schokolade sachgemäß verarbeiten zu können, benötigen Sie einige spezielle Arbeitsgeräte, denn Ihre Schokoladenprodukte sollen nicht nur gut schmecken, sondern auch hübsch aussehen.

Wasserbad
Um Schokolade zu schmelzen und zu temperieren, um Cremes aufzuschlagen oder Gelatine aufzulösen, benötigen Sie ein Wasserbad. Nehmen Sie dafür eine feuerfeste Schüssel, die Sie in einen größeren Topf, der mit heißem Wasser gefüllt ist, stellen können.

Küchenwaage
Hier bietet der Handel eine Vielzahl an. Es muß nicht unbedingt eine Waage mit elektronischer Anzeige sein, obwohl diese gerade für das Abwiegen kleiner Mengen von Vorteil ist.

Speise- und Zuckerthermometer
Dies ist ein wichtiges Gerät, denn Schokolade sollte nicht über 44°C erhitzt werden, sonst verliert sie ihren Glanz.

Küchenmaschine
Eine Küchenmaschine mit verschiedenen Aufsätzen erleichtert auch in der Schokoladenküche die Arbeit ungemein.

Palette und Spatel
Diese Geräte brauchen Sie, um Glasuren glattzustreichen, Schokoladenstreusel, -späne oder -rollen herzustellen.

Pralinengabeln
Diese Gabeln gibt es in verschiedenen Formen, sie sind beim Tunken von kleinen Gebäckstücken oder beim Überziehen von Pralinen notwendig.

Schokoladengußformen
Mit Schokoladengußformen können Sie schöne Verzierungen herstellen. Pralinenhohlkörper, die anschließend gefüllt werden, werden mit speziellen Formen gemacht.

Marmorplatte
Sie ist für das Arbeiten mit Schokolade durch die glatte Struktur und die Kühle des Materials geradezu ideal.

DAS RICHTIGE ARBEITEN MIT SCHOKOLADE

Gerade bei der Verarbeitung dieser köstlichen Masse im eigenen Haushalt kommt es immer wieder vor, daß man unliebsame Überraschungen erlebt. Damit Ihnen solch kleine Mißgeschicke nicht widerfahren, haben wir hier die wichtigsten Regeln und Tips für die richtige Verarbeitung zusammengestellt.
Doch zuvor noch ein Wort zur Lagerung: Die Schokolade liebt es trocken und kühl. Bei unsachgemäßer Lagerung bildet sich ein Fettreif oder ein Zuckerreif, wie die Fachleute das Grauwerden nennen. Es ist also kein Schimmel, der sich auf der Schokolade bildet. Bei zu hoher Wärme tritt die Kakaobutter aus, wird dann bei sinkender Temperatur wieder fest und lagert sich auf der Schokolade ab. Der Zuckerreif entsteht bei zu hoher Feuchtigkeit. Der Zucker wird aus der Schokolade herausgelöst und kristallisiert beim späteren Trocknen auf der Schokolade aus. Sowohl der Fett- als auch der Zuckerreif sind nicht gesundheitsschädlich.
Achten sie aber auch auf die Nachbarn, die mit der Schokolade lagern. Intensiv riechende Nahrungsmittel, aber auch Waschmittel sollten nicht in unmittelbarer Nähe sein, da die Schokolade gerne fremde Gerüche aufnimmt.

Das Temperieren
Durch diesen Vorgang bekommt Ihre Kuvertüre einen schönen Glanz und die mit der Schokolade überzogenen Stücke sehen nicht milchig oder grau aus.

1. Teilen sie die Kuvertüre in Stücke und geben Sie diese in eine Schüssel. Die Kuvertüre wird dann im Wasserbad unter Rühren geschmolzen.

2. ⅔ der geschmolzenen Kuvertüre gießen Sie dann auf eine Marmorplatte, die restliche Schokoladenmasse stellen Sie beiseite.

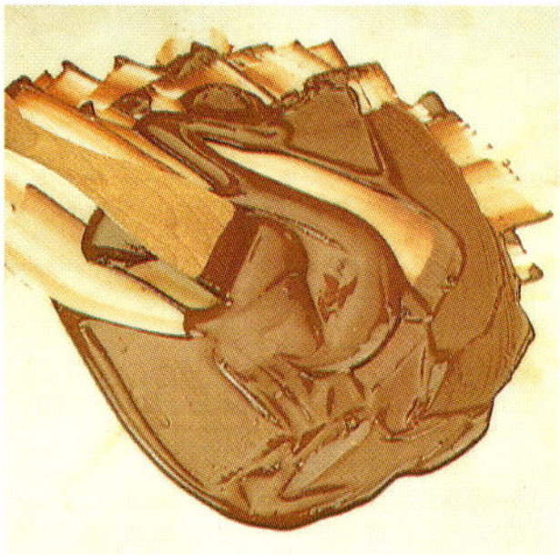

3. Mit einem Spatel kneten Sie nun die geschmolzene Kuvertüre auf der Marmorplatte, und zwar so lange, bis die Masse dickzuwerden beginnt.

4. Die geknetete Schokoladenmasse geben Sie nun mit Hilfe eines Spatels zu der restlichen, flüssigen Kuvertüre und rühren die Masse gründlich mit einem Holzlöffel unter. Jetzt erst kann die Kuvertüre zum Überziehen oder Glasieren weiterverwendet werden. Vollmilchschokolade sollte eine Temperatur von 28° C und Bitterschokolade von 30° C besitzen.

Das Überziehen

Beim Überziehen von großen Stücken ist es wichtig, daß Sie schnell und zügig arbeiten, denn sonst wird der Überzug blind, das heißt, er glänzt nicht mehr.

1. Stellen sie den Kuchen bzw. die Torte auf ein Abtropfgitter. Er sollte gut gekühlt sein und eine feste Oberfläche besitzen.

2. Temperieren sie nun die Kuvertüre, und zwar immer etwas mehr als notwendig, denn wenn sie nicht reicht, ist es schlecht, die Glasur anzustückeln. Nun wird der Kuchen mit der Kuvertüre ganz übergossen, dabei dürfen keine Ränder entstehen. Streichen Sie nun die Kuvertüre mit einer Palette glatt.

Das Tunken

Da dieser Vorgang etwas länger dauert, ist es wichtig, daß die Kuvertüre ständig eine gleichbleibende Temperatur besitzt. Am besten stellen Sie sie auf eine elektrische Warmhalteplatte oder erwärmen sie immer wieder im Wasserbad.

1. Stücke, die etwas größer sind und nur teilweise mit Kuvertüre überzogen werden, können mit der Hand in die Schokolade getunkt werden. Anschließend trocknen die Stücke auf einem Tropfgitter.

2. Werden kleine Teilchen ganz überzogen, verwenden Sie eine Pralinengabel. Das Stückchen wird auf die Gabel gelegt und in die Überzugsmasse getunkt.

Schokoladenraspeln

Die Schokoladenraspeln sind einfach herzustellen und nicht nur für Kuchen und Torten, sondern auch für Desserts eine schöne Verzierung.

1. Temperieren Sie die Kuvertüre im Wasserbad und streichen Sie sie dann auf einer Marmorplatte mit Hilfe einer Palette dünn aus.

2. Sobald Sie festzuwerden beginnt, schaben Sie mit einer Palette oder einem Spatel die Schokolade ab. Je nach der Festigkeit und der Dicke der ausgestrichenen Schokolade lassen sich kurze oder lange Späne und Rollen oder Raspeln herstellen.

Ausgestochene Schokoladenfiguren

Um die Schokoladenfiguren auszustechen, können Sie zwei Methoden anwenden.

1. Geben Sie die temperierte Kuvertüre oder Schokolade auf Pergamentpapier, streichen Sie sie mit einer Palette glatt und lassen Sie sie etwas festwerden.

2. Wenn Sie die Ausstechformen leicht erhitzen, erhalten die Formen scharfe Schnittkanten. Werden Sie in heißes Wasser getaucht, werden die Kanten weich und leicht abgerundet. Das Arbeiten mit Wasser erfordert aber einiges Geschick, denn wenn Spritzer auf die Schokolade kommen, ist sie unbrauchbar.

Schokoladenformen und Hohlkörper

Der Handel bietet bereits viele verschiedene Formen an, die gefüllt werden können. Die Hohlkörper bekommen Sie im Fachgeschäft, oder fragen Sie bei Ihrem Konditor danach. Sie werden vor allem für Pralinen verwendet.

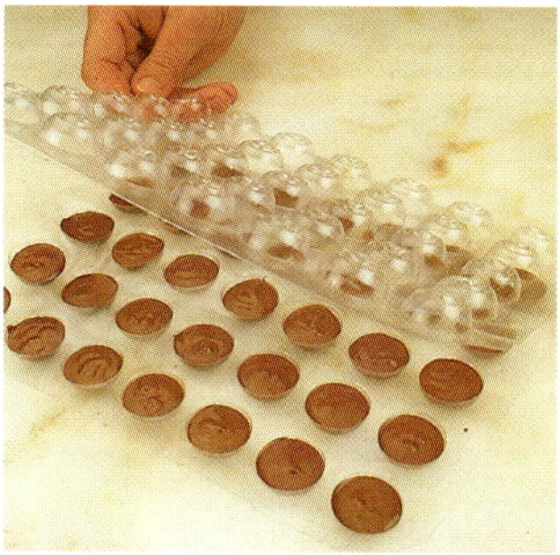

1. Die Formen müssen, bevor die Schokolade eingefüllt wird, blankgeputzt sein. Sonst können Sie die erkaltete Schokolade nicht herausnehmen.

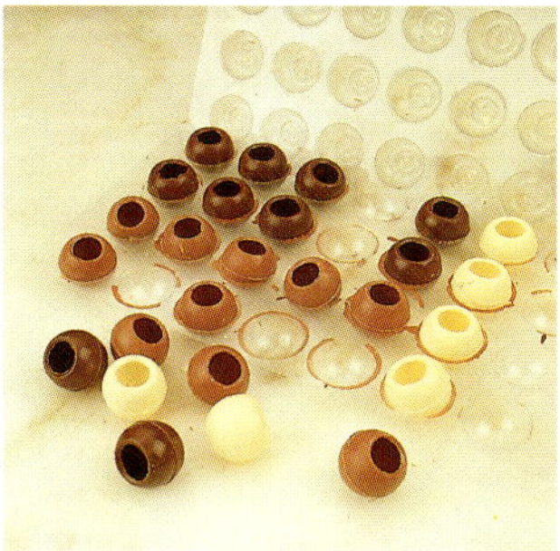

2. Schließen Sie die Form und lassen Sie die Schokolade erkalten. Nach dem Herausnehmen können die Hohlkörper mit verschiedenen Cremes, wie z. B. Trüffelcreme, gefüllt werden.

Schokoladenblätter

Mit verschiedenen Blättern lassen sich Schokoladenkuchen und Desserts auf ungewöhnliche Weise verzieren.

1. Nehmen Sie mehrere grüne Blätter, waschen Sie diese vorsichtig und trocknen sie mit Küchenkrepp ab. Die Blätter werden dann mit der Blattoberseite in geschmolzene, temperierte Schokolade getaucht.

2. Legen Sie die Blätter mit der Blattunterseite auf einen Teller oder ein Stück Alufolie und lassen Sie die Schokolade erstarren. Danach ziehen Sie das grüne Blatt vorsichtig von der Schokolade ab. Die Blattadern sind nun auf der Schokolade sichtbar.

Das Spritzen von Ornamenten

Sie können die Ornamente entweder direkt auf den Kuchen spritzen oder mit Hilfe einer kleinen Schablone die Ornamente herstellen und die fertigen trockenen Teile auf den Kuchen stecken.

1. Für ein sauberes Spritzen ist ein Spritztütchen unentbehrlich. Es läßt sich schnell und einfach selbst herstellen. Legen Sie ein quadratisches Stück Pergamentpapier zu einem Dreieck zusammen und schneiden es am Bruch mit einem Messer durch.

2. Rollen sie nun das Papier von einer Seite zur anderen auf. Der Daumen bleibt dabei in der oberen Öffnung, damit ein Tütchen entstehen kann.

3. Die überstehenden Spitzen schlagen Sie um, jetzt kann das Tütchen mit flüssiger, temperierter Schokolade, aber auch mit einer anderen Spritzglasur gefüllt werden.

4. Falten Sie nun den oberen Teil des Tütchens zusammen, dadurch wird es verschlossen. Mit einer Schere wird die Spitze abgeschnitten, eine große Öffnung ergibt große Garnituren, eine kleine zarte, feine Ornamente. Durch das Aufrollen des zusammengefalteten Teils wird die Schokolade aufgespritzt.

5. Zeichnen Sie einige Schablonen auf Papier vor, wie z. B. Blüten. Auf die gezeichneten Muster legen Sie nun Pergamentpapier und spritzen darauf die Schokolade.

6. Nach dem Aufspritzen lassen Sie die Schokolade fest werden. Mit einem dünnen Messer oder einer Palette lösen sie die Ornamente vorsichtig vom Papier. Nun können Sie sie auf Kuchen, Torten, Pralinen oder Desserts legen.

Schoko-verführung zur Kaffee-stunde

Wer kennt nicht die Probleme, die sich auftun, wenn Besuch kommt. Zur Kaffeestunde soll es immer etwas Besonderes sein, man will die Gäste und sich selbst verwöhnen. Mit Gebäck aus Schokolade ist das kein Problem. Wir stellen Ihnen einige der schönsten Verführungen zu diesem Kapitel vor, mit denen Sie bestimmt jeden überzeugen werden.

Schokobrezeln

Für 36 Stück
Zubereitungszeit: 90–100 Min.
ca. 150 kcal/630 kJ

Teig:
500 g Mehl
2 Eier
300 g Butter
200 g Zucker
2 Päckchen Vanillezucker
1 TL geriebene Zitronenschale
1 EL Zimt
einige Tropfen Rumaroma

zum Überziehen:
100 g Zartbitterkuvertüre
100 g Vollmilchkuvertüre

1. Das Mehl auf eine Arbeitsfläche sieben und eine Mulde eindrücken. Die Eier in die Mulde geben. Die Butter zerpflücken und auf dem Mehl verteilen. Den Zucker, den Vanillezucker, die Zitronenschale und den Zimt miteinander vermischen und über das Mehl verteilen.
2. Einige Tropfen Rumaroma dazugeben und alles schnell von außen nach innen zu einem geschmeidigen Teig verarbeiten, diesen auf einen Teller legen, mit einem feuchten Tuch abdekken und im Kühlschrank mindestens 1 Std. ruhen lassen.
3. Herausnehmen, den Teig in 3 Teile teilen, diese zu Strängen rollen, in 12 Teile teilen und daraus kleine Brezeln von 6 cm Durchmesser formen. Die Brezeln auf ein bemehltes Backblech legen und im auf 200° C vorgeheizten Backofen 10–15 Min. backen, herausnehmen und erkalten lassen.
4. Die Schokobrezeln mit den geschmolzenen und temperierten Kuvertüren überziehen. Auf Pergamentpapier legen und an einem kühlen Ort abtrocknen lassen.
(auf dem Foto: unten)

Schokokringel

Für 36 Stück
Zubereitungszeit: 40–50 Min.
ca. 280 kcal/1 175 kJ

Teig:
400 g Butter
350 g Marzipanrohmasse
3 Eiweiß
4 cl Maraschinolikör
50 g Zucker
400 g Mehl
65 g Kakaopulver

zum Verzieren:
200 g weiße Schokolade
4 EL Butter
200 g gehackte Mandeln

1. Die Butter mit der Marzipanrohmasse in einer Schüssel schaumig schlagen. Die Eiweiße mit dem Maraschinolikör sehr steif schlagen, nach und nach den Zucker unterrühren. Die Eiweiße mit einem Kochlöffel vorsichtig unter die Marzipanmasse heben.Das Mehl und das Kakaopulver vermischen, sieben, vorsichtig unter die Marzipanmasse heben.
2. Die Masse in einen Spritzbeutel füllen, auf ein gefettetes Backblech Kreise von 5 cm Durchmesser spritzen, und im auf 200° C vorgeheizten Backofen 10–15 Min. backen, herausnehmen und erkalten lassen.
3. Die Schokoladenkringel mit der geschmolzenen und temperierten Schokolade überziehen.
4. Die Butter in einer Pfanne erhitzen, die Mandeln darin kurz anrösten, über die Schokoladenkringel streuen, diese auf ein Gitter setzen und an einem kühlen Ort vollständig abtrocknen lassen.
(auf dem Foto: oben)

KAKAOZUNGEN

Für 12 Stück
Zubereitungszeit: 40–50 Min.
ca. 525 kcal/2 205 kJ

Teig:
225 g Butter
100 g Zucker
3 Eier
25 g Speisestärke
25 g Kakaopulver, 1 TL Zimt
einige Tropfen Arrakaroma
250 g gesiebtes Mehl

Füllung:
200 g süße Sahne
150 g geriebene Vollmilchschokolade
2 cl Rum

zum Überziehen:
200 g Zartbitterkuvertüre

1. Die Butter, den Zucker und die Eier schaumig schlagen, die restlichen Zutaten vorsichtig unterrühren.
2. Den Teig in einen Spritzbeutel füllen, auf ein gefettetes Backblech 9 cm lange Zungen spritzen und diese im auf 200°C vorgeheizten Backofen 10–15 Min. backen.
3. Die Sahne mit der Schokolade unter Rühren schmelzen, den Rum dazugeben, vollständig erkalten lassen, schaumig schlagen.
4. Die Füllung auf die kalten Zungen streichen, je 2 Stück zusammensetzen und mit der geschmolzenen, temperierten Kuvertüre zur Hälfte überziehen.
(auf dem Foto: Plattenrand)

SCHOKOKNACKER

Für 12 Stück
Zubereitungszeit: 35–45 Min.
ca. 340 kcal/1 430 kJ

Teig:
3 Eiweiß
250 g Puderzucker
150 g gehackte Mandeln
4 EL Butter
1 Päckchen Vanillezucker
20 g Kakaopulver, ½ TL Zimt
1 TL geriebene Zitronenschale
4 cl Weinbrand
50 g gehacktes Zitronat
50 g gehackte Pistazien
etwas Mehl

zum Überziehen:
100 g Vollmilchkuvertüre
100 g Zartbitterkuvertüre

1. Die Eiweiße steif schlagen, nach und nach den Puderzucker darunterschlagen. Die Mandeln in der heißen Butter kurz rösten, die Eiweiße dazugeben und unter ständigem Rühren 5 Min. köcheln lassen.
2. Vanillezucker, Kakaopulver, Zimt, Zitronenschale, Weinbrand, Zitronat und Pistazien dazugeben, das Mehl unterrühren.
3. Den Teig in einen Spritzbeutel füllen, auf ein gefettetes Backblech 10 cm lange Stangen spritzen, im auf 180°C vorgeheizten Backofen 10–15 Min. backen.
4. Die kalten Schokoladenknacker mit der geschmolzenen und temperierten Kuvertüre zur Hälfte überziehen.
(auf dem Foto: Plattenmitte)

Weihnachtliche Spitzkuchen

Für 36 Stück
Zubereitungszeit: 40–45 Min.
(ohne Ruhezeit)
ca. 180 kcal/755 kJ

Teig:
400 g Honig
400 g gesiebtes Mehl
½ TL Pottasche
1 Msp. Hirschhornsalz
4 EL Zimt
½ TL Kardamom
½ TL Koriander
½ TL Muskat
1 EL geriebene Zitronenschale
400 g Mandelsplitter

zum Überziehen:
100 g Vollmilchkuvertüre
100 g Zartbitterkuvertüre

1. Den Honig aufkochen und wieder erkalten lassen. Das Mehl unter den lauwarmen Honig arbeiten, den Teig einige Tage an einem kühlen Ort ruhen lassen.
2. Anschließend Pottasche, Hirschhornsalz, Gewürze und Mandeln unter den Teig arbeiten.
3. Den Teig ½ cm dick ausrollen, auf ein gefettetes Backblech legen und im auf 180°C vorgeheizten Backofen 15 Min. backen. Anschließend in 3,5 cm breite Streifen und diese in kleine Stücke schneiden.
4. Die Kuvertüren schmelzen und temperieren, die Spitzkuchen damit überziehen.
(Foto oben)

Berliner Schokobrot

Für 36 Stück
Zubereitungszeit: 100–110 Min.
ca. 350 kcal/1 470 kJ

Teig:
450 g Mehl
50 g Kakaopulver
100 g grob gehackte Walnüsse
100 g grob gehackte Haselnüsse
100 g grob gehackte Erdnüsse
50 g grob gehackte Pinienkerne
50 g grob gehackte Pistazien
400 g Zwiebackbrösel
50 g gehacktes Zitronat
50 g gehacktes Orangeat
500 g Zucker
150 g Butter oder Margarine
¼ l Wasser
5 g Hirschhornsalz

zum Bestreichen:
100 g bittere Orangenkonfitüre
4 cl Orangenlikör

zum Überziehen:
1 Becher Schokoladenglasur

1. Das Mehl mit dem Kakaopulver mischen, auf eine Arbeitsfläche sieben, die Nüsse und die Zwiebackbrösel darauf verteilen. Zitronat und Orangeat mit dem Zucker zum Mehl geben. Die Butter oder Margarine zerpflücken, auf dem Mehl verteilen.
2. Eine Mulde eindrücken, das Wasser hineingeben, mit Hirschhornsalz bestreuen. Alles von außen nach innen zu einem geschmeidigen Teig verarbeiten, diesen auf einen Teller legen, mit einem feuchten Tuch abdecken und im Kühlschrank mindestens 1 Std. ruhen lassen.
3. Anschließend in drei Teile teilen und zu Stangen rollen. Auf ein mit Pergamentpapier ausgelegtes Backblech geben, etwas flachdrücken und im auf 220°C vorgeheizten Backofen 15–20 Min. backen.
4. Die Orangenkonfitüre mit dem Orangenlikör erhitzen, die kalten Brote damit bestreichen, mit geschmolzener Schokoladenglasur überziehen, vollkommen trocknen lassen und in 3–4 cm breite Streifen schneiden.
(Foto unten)

Halbmonde

Für 18 Stück
Zubereitungszeit: 30–40 Min.
ca. 480 kcal/2 010 kJ

Teig:
125 g geriebene Haselnüsse
125 g geriebene Mandeln
100 g Marzipanrohmasse
50 g Kakaopulver
50 g kleingehacktes Orangeat
50 g kleingehacktes Zitronat
4 cl weißer Rum
4 Eiweiß
400 g Zucker

Füllung:
4 EL Aprikosenmarmelade
1 EL Aprikosenlikör

zum Überziehen:
100 g Zartbitterkuvertüre

1. Die Nüsse und die Mandeln mit der Marzipanrohmasse verkneten, das Kakaopulver, das Orangeat, das Zitronat und den Rum darunterarbeiten. Die Eiweiße mit dem Zucker dazugeben, den Teig gut durchkneten.
2. Auf einer gepuderten Arbeitsfläche ½ cm dick ausrollen und Halbmonde ausstechen. Diese auf ein mit Backpapier ausgelegtes Backblech legen und im auf 180°C vorgeheizten Backofen 10–15 Min. backen.
3. Die Marmelade und den Likör verrühren, die Hälfte der Halbmonde damit bestreichen, dann mit der anderen Hälfte abdecken und mit Kuvertüre überziehen.
(auf dem Foto: unten)

Baisertörtchen

Für 12 Stück
Zubereitungszeit: 60–70 Min.
(ohne Trockenzeit)
ca. 550 kcal/2 310 kJ

5 Eiweiß, 400 g Zucker
100 g feingeriebene Kuvertüre
¼ l süße Sahne
200 g geriebene Vollmilchschokolade
1 Päckchen Vanillezucker
1 TL Zimt
1 Päckchen Sahnestandmittel
200 g geputzte Erdbeeren
1 Tasse Johannisbeergelee
125 g gehackte, geröstete Mandeln
Walnußhälften, Kakaopulver

1. Die Eiweiße sehr steif schlagen, den Zucker langsam einrühren, die Kuvertüre unterheben. Die Masse in einen Spritzbeutel füllen, auf ein mit Pergamentpapier ausgelegtes Backblech Ovale spritzen. Im auf 90° C vorgeheizten Backofen über Nacht trocknen.
2. Die Sahne und die Schokolade schmelzen, Vanillezucker und Zimt unterziehen, die Masse erkalten lassen, dann mit dem Sahnestandmittel aufschlagen.
3. Das Gelee mit den Erdbeeren mischen. Die Hälfte der Ovale mit Erdbeeren und Schokoschaum bedecken, mit den restlichen Ovalen abdecken. Die Törtchen mit der Schokosahne, Mandeln, Walnußhälften und Kakaopulver verzieren.
(auf dem Foto: oben)

Schokoladen-Doppeldecker

Für 36 Stück
Zubereitungszeit: 35–45 Min.
ca. 145 kcal/610 kJ

140 g Butter
140 g Puderzucker
140 g gesiebtes Mehl
1 Päckchen Vanillezucker
1 Tasse geriebene Blockschokolade

Füllung:
150 g Marzipanrohmasse
50 g Puderzucker
4 cl Amaretto, 1 Eiweiß

zum Überziehen:
100 g Milchschokolade
50 g geröstete Mandelsplitter

1. Die Butter und den Puderzucker schaumig rühren, das Mehl nach und nach daruntergeben. Vanillezucker und Schokolade unterziehen.
2. Den Teig in einen Spritzbeutel füllen und auf ein mit Backpapier ausgelegtes Backblech kleine runde Plätzchen spritzen, im auf 200° C vorgeheizten Backofen 10 Min. backen.
3. Die Marzipanrohmasse mit dem Puderzucker anwirken, den Amaretto und das Eiweiß unterziehen. Die Hälfte der erkalteten Teilchen mit der Masse bestreichen und mit den restlichen Teilchen abdecken.
4. Mit der Schokolade überziehen, mit gerösteten Mandeln bestreuen.
(auf dem Foto: oben)

Süsse Pyramide

Für 1 Torte (12 Stück)
Zubereitungszeit: 70–80 Min.
ca. 640 kcal/2 690 kJ

Teig:
5 Eiweiß
½ TL Zitronensaft
125 g Zucker
5 Eigelb
1 TL geriebene Zitronenschale
1 Päckchen Vanillezucker
75 g Mehl
60 g Speisestärke
1 Msp. Backpulver

Creme:
½ l Milch
100 g Zucker
25 g Kakaopulver
40 g Speisestärke
2 Eier
1 EL Zimt
3 Blatt weiße Gelatine
400 g Butter
3 TL Instant-Kaffeepulver

zum Überziehen:
200 g Marzipanrohmasse
100 g Puderzucker
1 EL Kakaopulver
100 g Vollmilchkuvertüre

1. Die Eiweiße mit dem Zitronensaft sehr steif schlagen, langsam den Zucker darunterschlagen. Die Eigelbe, die Zitronenschale und den Vanillezucker verrühren, zum Eischnee geben.
2. Das Mehl, die Speisestärke und das Backpulver mischen, über die Eimasse sieben, vorsichtig unterheben. Die Masse auf ein mit Backpapier ausgelegtes Backblech streichen, im auf 180° C vorgeheizten Backofen 15–20 Min. backen.
3. Die Hälfte der Milch mit dem Zucker und dem Kakaopulver zum Kochen bringen. Die Speisestärke mit der restlichen Milch glattrühren, in die kochende Milch geben, unter ständigem Rühren aufkochen lassen, vom Feuer nehmen. Die Eier und den Zimt unterziehen.
4. Die in kaltem Wasser eingeweichte und ausgedrückte Blattgelatine in der warmen Creme auflösen. Die Butter schaumig schlagen und die Creme eßlöffelweise darunterziehen. ⅔ der Creme mit dem Kaffeepulver verrühren.
5. Den Biskuitboden in 5 breite Streifen schneiden, 2 Streifen nochmals der Länge nach im oberen Drittel teilen. 6 Streifen pyramidenförmig aufeinanderlegen, die Creme zwischen die beiden Mittelstreifen füllen. Die Pyramide auf den 7. Biskuitstreifen setzen und vollständig mit der restlichen Mokkacreme bestreichen.
6. Die Marzipanrohmasse mit dem Puderzucker und dem Kakaopulver verkneten, dünn ausrollen, die Pyramide damit einkleiden und mit der geschmolzenen und temperierten Vollmilchschokolade überziehen.
(auf dem Foto: unten)

Gefüllter Baumstamm

Für 1 Rolle (12 Stück)
Zubereitungszeit: 90–100 Min.
ca. 490 kcal/2 060 kJ

Teig:
4 Eier
120 g Zucker
60 g Mehl
50 g Speisestärke
2 EL Kakaopulver

Creme:
½ l Milch
100 g Zucker
60 g Speisestärke
1 Päckchen Vanillezucker
1 Ei
400 g Butter
100 g Kuvertüre

zum Bestreuen:
Schokoladensplitter

1. Die Eier und den Zucker in eine feuerfeste Schüssel geben, im Wasserbad zu einer cremigen Masse aufschlagen, vom Feuer nehmen und solange schlagen, bis die Masse erkaltet ist. Das Mehl mit der Speisestärke und dem Kakaopulver mischen, über die Masse sieben und mit einem Holzlöffel vorsichtig unterheben.

2. Die Masse auf ein mit Pergamentpapier ausgelegtes Backblech geben und glattstreichen, im auf 200° C vorgeheizten Backofen 15–20 Min. backen.

3. Die Hälfte der Milch mit dem Zucker zum Kochen bringen. Die Speisestärke mit der restlichen Milch glattrühren, in die kochende Milch geben und aufkochen lassen, den Vanillezucker und das Ei darunterrühren. Vom Feuer nehmen und vollständig erkalten lassen.

4. Die Butter schaumig schlagen und die kalte Creme vorsichtig darunterrühren. Die Kuvertüre im Wasserbad schmelzen, vorsichtig unter die Buttercreme rühren.

5. Den noch warmen Teig mit der Schokoladencreme bestreichen und zusammenrollen. Je 1 Scheibe auf beiden Seiten abschneiden und als Astabschnitte auf die Roulade legen, das Ganze mit der restlichen Schokocreme einstreichen, mit einem Konditorkamm den Baumstamm so kämmen, daß eine Baumrinde entsteht. Die untere Hälfte der Seiten mit Schokoladensplittern bestreuen, die Roulade im Kühlschrank vollständig erkalten lassen.

Trüffeltorte

Für 1 Torte (16 Stück)
Zubereitungszeit: 110–120 Min.
ca. 630 kcal/2 640 kJ

Teig:
80 g Butter
8 Eigelb
5 Eiweiß
80 g Zucker
85 g Mehl
35 g Stärkemehl
10 g Kakaopulver

Füllung:
½ l süße Sahne
600 g geriebene Zartbitterkuvertüre
4 cl Rum
2 Päckchen Sahnestandmittel

außerdem:
150 g Marzipanrohmasse
150 g Puderzucker
2 EL Kakaopulver
200 g Vollmilchschokolade
Marzipan- oder Zuckerrosen
Schokoladensplitter

1. Die Butter und die Eigelbe schaumig rühren, die Eiweiße sehr steif schlagen, den Zucker unterrühren, zur Eimasse geben. Mehl, Stärkemehl und Kakaopulver darübersieben, alles mischen.
2. 5 dünne Böden von 25 cm Durchmesser im auf 180°C vorgeheizten Backofen 10–15 Min. backen.
3. Die Sahne, die Kuvertüre, den Rum unter ständigem Rühren aufkochen, erkalten lassen, mit dem Sahnestandmittel aufschlagen.
4. Die Böden damit bestreichen, zusammensetzen, die Torte mit der restlichen Sahne überziehen.
5. Die Marzipanrohmasse mit dem Puderzucker und dem Kakaopulver verkneten, dünn ausrollen und die Torte damit einschlagen, mit der geschmolzenen und temperierten Kuvertüre überziehen.
6. Nach dem Erkalten mit den Marzipanrosen und der restlichen Schokoladensahne verzieren, den Rand mit Schokosplittern verzieren.
(Foto oben)

Sachertorte

Für 1 Torte (16 Stück)
Zubereitungszeit: 80–90 Min.
ca. 360 kcal/1 510 kJ

Teig:
150 g Butter
160 g Zucker
8 Eigelb
160 g Zartbitterschokolade
8 Eiweiß
30 g gesiebter Puderzucker
150 g Mehl
1 TL Backpulver

außerdem:
1 Glas Orangenkonfitüre
4 cl Orangenlikör
1 Becher Schokoladenglasur
Marzipanblättchen für Sachertorte
Schokoladensplitter

1. Die Butter mit dem Zucker schaumig schlagen, die Eigelbe und die geschmolzene Schokolade unterrühren. Die Eiweiße steif schlagen, den Puderzucker unterrühren und alles auf die Eimasse geben. Das Mehl mit dem Backpulver darübersieben und vorsichtig verrühren.
2. Den Teig in eine gefettete Tortenform füllen, im auf 180°C vorgeheizten Backofen 25–30 Min. backen, nach dem Erkalten halbieren.
3. Die Konfitüre mit dem Likör aromatisieren, auf einen Boden streichen, die Torte zusammensetzen und mit der restlichen Konfitüre bestreichen.
4. Die Torte mit der geschmolzenen und temperierten Schokoladenglasur überziehen. Die Torte vollständig trocknen lassen, die Marzipanblättchen daraufsetzen, den Rand der Torte mit Schokoladensplittern verzieren.
(Foto unten)

Feinschmecker-Tip

Damit Sie diese beiden Torten etwas länger aufbewahren können, ohne daß sie durchweichen, stellen Sie die ganze Torte auf einen dünnen Mürbeteigboden, den Sie beim Kontitor kaufen können.

Sacher

PRALINEN, KONFEKT UND ANDERE KÖSTLICH-KEITEN

„Mit Süßem verführen" heißt das Motto dieses Kapitels. Diese Köstlichkeiten zerschmelzen auf der Zunge und lassen das Herz jeder Naschkatze höher schlagen. Aus dem bunten Reigen der Pralinen gibt es viele, die zum Träumen Anlaß geben. Ob es nun die feinen Trüffeln oder die feurigen Rumkugeln sind, in diesem Kapitel finden Sie die schönsten zart schmelzenden Versuchungen.

Dessert-stückchen

Für 36 Stück
Zubereitungszeit: 110–120 Min.
ca. 300 kcal/1 260 kJ

Teig:
300 g gesiebtes Mehl
200 g Butter
100 g Zucker
1 Ei
1 Päckchen Vanillezucker
1 EL geriebene Zitronenschale
1 Prise Salz

Füllung:
250 g Nougatmasse
250 g Kokosfett
50 g geschälte Mandeln
50 g Haselnußkerne
50 g Mokkabohnen

zum Überziehen:
200 g Vollmilchschokolade
50 g Zartbitterkuvertüre

1. Das Mehl auf eine Arbeitsfläche geben und eine Mulde eindrücken. Die zerpflückte Butter darauf verteilen. Den Zucker, das Ei und die restlichen Zutaten dazugeben. Von außen nach innen mit den Händen schnell zu einem geschmeidigen Teig verarbeiten.
2. Den Teig auf einen Teller legen, mit einem Tuch abdecken und im Kühlschrank mindestens 1 Std. ruhen lassen, dann auf einer bemehlten Arbeitsfläche ausrollen und verschiedene Formen ausstechen. Die Formen auf ein mit Backpapier ausgelegtes Backblech verteilen, im auf 180°C vorgeheizten Backofen 10–15 Min. backen.
3. Die Nougatmasse mit dem weichen Kokosfett schaumig schlagen, auf die Plätzchen spritzen. Die Mandeln, Haselnußkerne und Mokkabohnen darauf gleichmäßig verteilen. Die Dessertstückchen mit geschmolzener und temperierter Vollmilchschokolade überziehen, mit geschmolzener Zartbitterkuvertüre Ornamente oder Punkte aufspritzen.
(auf dem Foto: links)

Knabber-mandeln

Für 36 Stück
Zubereitungszeit: 30–40 Min.
ca. 90 kcal/380 kJ

200 g große, unbeschädigte Mandeln
100 g Puderzucker
200 g Vollmilchkuvertüre
1 Tasse Kakaopulver
1 Tasse Puderzucker

1. Die Mandeln auf ein Backblech legen, mit dem Puderzucker bestreuen und im auf 200°C vorgeheizten Backofen solange rösten, bis der Zucker geschmolzen ist. Herausnehmen, erkalten lassen und in eine Schüssel geben.
2. Die Kuvertüre schmelzen und über die Mandeln geben, solange schwenken, bis die Schokolade erstarrt. Je nach Geschmack in Kakaopulver oder Puderzucker wälzen.
(auf dem Foto: rechts)

CHAMPAGNER-TRÜFFEL

Für 36 Stück
Zubereitungszeit: 40–50 Min.
ca. 180 kcal/755 kJ

500 g Champagner
100 g Honig
500 g geriebene Zartbitterkuvertüre
300 g geriebene Vollmilchschokolade
100 g Butter

zum Überziehen:
200 g Vollmilchschokolade
100 g Zuckerraffinade

1. Den Champagner mit dem Honig zum Kochen bringen. Die Kuvertüre, die Vollmilchschokolade und die Butter dazugeben und unter ständigem Rühren schmelzen lassen. Die Masse erkalten lassen.
2. Anschließend in einen Spritzbeutel füllen, auf Pergamentpapier kirschgroße Tupfen aufspritzen, diese vollständig erkalten lassen.
3. Mit der geschmolzenen und temperierten Vollmilchschokolade überziehen. In Zuckerraffinade wälzen und vollständig trocknen lassen.
(auf dem Foto: links)

BUTTERTRÜFFEL

Für 36 Stück
Zubereitungszeit: 40–50 Min.
ca. 140 kcal/590 kJ

⅛ l Sahne
125 g Butter
300 g geriebene Vollmilchschokolade
125 g Nougatmasse
2 Päckchen Vanillezucker
einige Tropfen Rumaroma

zum Überziehen:
200 g weiße Schokolade

1. Die Sahne mit der Butter zum Kochen bringen. Die Vollmilchschokolade und die Nougatmasse dazugeben und unter ständigem Rühren schmelzen. Anschließend mit Vanillezucker und Rumaroma verrühren.
2. Die Masse etwas erkalten lassen und in einen Spritzbeutel füllen. Auf ein Pergamentpapier kirschgroße Tupfen spritzen und vollständig erkalten lassen. Die weiße Schokolade schmelzen und temperieren.
3. Die Trüffeln zu Kugeln rollen, mit der Schokolade überziehen, auf ein grobes Sieb legen und kurz hin und her rollen.Vor dem Servieren vollständig trocknen lassen.
(auf dem Foto: rechts)

Rumkugeln

Für 36 Stück
Zubereitungszeit: 40–50 Min.
ca. 165 kcal/695 kJ

500 g geriebene Zartbitterkuvertüre
¼ l süße Sahne
50 g Butter
1 Tasse Rum
4 cl Weingeist
1 EL Zimt
1 EL geriebene Orangenschale
2 Päckchen Vanillezucker
1 Glas Maraschinokirschen
200 g Schokoladenstreusel

1. Die Kuvertüre, die Sahne und die Butter unter ständigem Rühren erhitzen, bis die Schokolade geschmolzen ist, den Rum, den Weingeist und die Gewürze unterziehen.
2. Die Masse nach dem Erkalten in einen Spritzbeutel füllen und auf Pergamentpapier große Tupfen spritzen. Die Maraschinokirschen auf einem Küchentuch abtrokknen und je 1 Kirsche in einen Tupfen stecken.
2. Die Schokolade mit den Kirschen zu Kugeln rollen, in Schokostreuseln wälzen und vollständig trocknen lassen.
(Foto oben)

Marzipanstangen

Für 36 Stück
Zubereitungszeit: 30–40 Min.
ca. 195 kcal/820 kJ

Grundmasse:
500 g Marzipanrohmasse
450 g Puderzucker

Nußstangen:
50 g Kuvertüre
3 EL gehackte Mandeln
3 EL gehackte Pistazien
3 EL gehackte Walnußkerne
4 cl weißer Rum

Früchtestangen:
3 EL gehacktes Zitronat
3 EL gehacktes Orangeat
1 gehackte, kandierte Ingwernuß
1 Scheibe kandierte Ananas
4 cl Orangenlikör

Krokantstangen:
5 EL Krokant
3 EL gehackte Rosinen
4 cl Weinbrand

zum Überziehen:
50 g weiße Schokolade
100 g Zartbitterschokolade
50 g Vollmilchschokolade

1. Die Marzipanrohmasse mit dem Puderzucker verkneten, in 3 Teile teilen.
2. ⅓ der Marzipanmasse mit der geschmolzenen Kuvertüre, den Mandeln, Pistazien, Walnüssen und dem Rum zu einer kompakten Masse verarbeiten, daraus kleine Stangen formen.
3. ⅓ der Marzipanmasse mit dem Zitronat, dem Orangeat, der Ingwernuß, der kleingeschnittenen Ananas und dem Orangenlikör zu einer kompakten Masse verarbeiten, daraus kleine Stangen formen.
4. ⅓ der Marzipanmasse mit dem Krokant, den Rosinen und dem Weinbrand zu einer kompakten Masse verarbeiten, daraus kleine Stangen formen.
5. Die weiße, die Zartbitter- und die Vollmilchschokolade schmelzen und temperieren, die Marzipanstangen damit überziehen. Mit einer Pralinengabel Streifen eindrükken und die Stangen vollständig trocknen lassen.
(Foto unten)

SÜSSE SCHOKO-TRÄUME ZUM DESSERT

Schokolade, welchem Feinschmecker läuft da nicht das Wasser im Munde zusammen, wenn er dieses Wort hört. Deshalb dürfen auch so klangvolle Namen wie Mousse au chocolat oder Schokoladenparfait auf einer erstklassigen Speisekarte nicht fehlen. Ein Festmenü ohne krönenden Schokoladenabschluß ist doch nur das halbe Vergnügen.

Mousse au chocolat

Für 4 Portionen
Zubereitungszeit: 25–30 Min.
(ohne Ruhezeit)
ca. 855 kcal/3 580 kJ

- *5 Eigelb*
- *100 g Puderzucker*
- *4 cl Weinbrand*
- *1 Tasse Mokka*
- *125 g Butter*
- *175 g Zartbitterkuvertüre*
- *5 Eiweiß*

zum Verzieren:

- *1 Tasse Sahne*
- *1 Päckchen Vanillezucker*
- *4 EL Schokoladensplitter*

1. Die Eigelbe mit dem Puderzucker, dem Weinbrand und dem Mokka in einer feuerfesten Schüssel verrühren. Im Wasserbad zu einer Creme aufschlagen. Die Butter und die Kuvertüre unter ständigem Rühren schmelzen lassen.
2. Unter ständigem Rühren die Schokolade zur Eigelbmasse geben, vom Feuer nehmen und erkalten lassen. Die Eiweiße sehr steif schlagen und unter die kalte Schokoladenmasse heben, in kalte Gläser füllen und über Nacht in den Kühlschrank stellen.
3. Die Sahne mit dem Vanillezucker steif schlagen, die Mousse damit garnieren und mit Schokoladensplittern bestreuen.
(auf dem Foto: oben)

Getauchte Williamsbirnen

Für 4 Portionen
Zubereitungszeit: 20–25 Min.
(ohne Ruhezeit)
ca. 650 kcal/2 730 kJ

- *4 große Birnen*
- *1 Tasse Weißwein*
- *Saft von 1 Zitrone*
- *1 Zimtstange*
- *einige Gewürznelken*
- *1 Päckchen Vanillezucker*
- *etwas Zucker*
- *1 Tasse Birnengeist*
- *200 g Zartbitterkuvertüre*
- *Vanilleeis*
- *1 Tasse steif geschlagene Sahne*
- *Schokoladensplitter*

1. Die Birnen vorsichtig schälen, den Stiel an der Frucht lassen. Mit einem Kernausstecher das Kerngehäuse von unten entfernen. Den Weißwein mit dem Zitronensaft, der Zimtstange, den Gewürznelken und dem Vanillezucker in einen Topf geben, mit Zucker süßen.
2. Die Birnen einsetzen und zugedeckt bei mittlerer Hitze 10 Minuten dünsten, herausnehmen, gut abtropfen lassen, mit Birnengeist beträufeln. Zugedeckt an einem kühlen Ort über Nacht ziehen lassen.
3. Am nächsten Tag die Birnen in die geschmolzene Kuvertüre tauchen, abtrocknen lassen und auf dem Eis anrichten, mit Sahne und Schokoladensplittern garnieren.
(auf dem Foto: unten)

Vanilleeis

- *2 Eier*
- *1 Eigelb*
- *150 g Puderzucker*
- *1 Päckchen Vanillezucker*
- *200 g süße Sahne*
- *1 Päckchen Sahnestandmittel*

Die Eier, das Eigelb, den Puderzucker und den Vanillezucker schaumig schlagen. Die Sahne mit dem Sahnestandmittel steif schlagen und mit dem Eischaum vorsichtig mischen. Die Masse in eine Gefrierform geben und 2–3 Std. frosten.
Sie können dieses Eis noch mit geriebenen Haselnüssen, Likör oder geriebener Schokolade verfeinern.

WEISSES SCHOKOLADEN-PARFAIT

Für 4 Portionen
Zubereitungszeit: 50–60 Min.
(ohne Gefrierzeit)
ca. 430 kcal / 1 110 kJ

4 Eigelb
3 Eier
175 g Zucker
½ Tasse weißer Rum
250 g weiße Schokolade
⅜ l süße Sahne
2 Päckchen Vanillezucker
1 Päckchen Sahnestandmittel
1 kleines Glas Maraschinokirschen
1 Tasse gehackte Pistazien

1. Die Eigelbe, die Eier, den Zucker und den Rum verrühren, im Wasserbad zu einer cremigen Masse aufschlagen, die geschmolzene Schokolade unterrühren. Vom Feuer nehmen, unter ständigem Rühren erkalten lassen.
2. Die Sahne mit dem Vanillezucker und dem Sahnestandmittel steif schlagen und vorsichtig unter die Eiercreme heben. Die gut abgetropften und getrockneten Maraschinokirschen grob hacken, mit den Pistazien unter die Parfaitmasse heben.
3. In eine Kastenform füllen und im Gefrierschrank 1½–2 Std. frosten. In Scheiben geschnitten servieren.
(auf dem Foto: links)

Schokoladeneis für Verwöhnte

Für 12 Portionen
Zubereitungszeit: 40–50 Min.
(ohne Gefrierzeit)
ca. 280 kcal/1 180 kJ

3 Eigelb
1 Ei
125 g Zucker
¼ l Milch
200 g geriebene Vollmilchschokolade
¼ l süße Sahne
1 Päckchen Vanillezucker
1 Päckchen Sahnestandmittel

1. Die Eigelbe, das Ei, den Zucker, die Milch und die Vollmilchschokolade unter ständigem Rühren einmal aufkochen. Vom Feuer nehmen und vollständig erkalten lassen.

2. Die Sahne mit dem Vanillezucker und dem Sahnestandmittel steif schlagen, mit der Schokoladenmasse vermischen. Diese in eine Gefrierbox füllen und 2–3 Std. in der Tiefkühltruhe frosten.
(auf dem Foto: rechts)

Schokoladen-Fruchtfondue

Für 4 Portionen
Zubereitungszeit: 10–15 Min.
ca. 1 110 kcal/4 660 kJ

200 g süße Sahne
200 g geriebene Vollmilchschokolade
200 g geriebene Zartbitterschokolade
1 Päckchen Vanillezucker
½ Tasse weißer Rum
1 TL geriebene Zitronenschale

zum Dippen:
1 Banane
200 g Ananasstückchen
200 g frische Erdbeeren
200 g Lychees
100 g Baisermakronen

außerdem:
500 g Vanilleeis
100 g Himbeeren
Saft von 1 Zitrone

1. Die Sahne erhitzen. Die Schokolade in der Sahne auflösen, mit dem Vanillezukker, dem weißen Rum und der Zitronenschale verrühren.
2. Die Banane schälen und in Stücke schneiden, mit den Ananasstückchen, den Erdbeeren, den Lychees und den Baisermakronen auf Tellern anrichten. Das Vanilleeis dazugeben, die Himbeeren mit dem Zitronensaft pürieren und auf dem Eis verteilen.
3. Die Früchte in die Schokoladensauce tunken und mit dem Eis verzehren.
(Foto oben)

Schokoladen-Shake

Für 4 Portionen
Zubereitungszeit: 10–15 Min.
ca. 205 kcal/860 kJ

500 g Schokoladeneis
2 EL Kakaopulver
1 TL Zimt
8 cl weißer Rum
½ l Milch

zum Garnieren:
einige Erdbeeren
einige Zweige Zitronenmelisse

1. Das Schokoladeneis mit dem Kakaopulver, dem Zimt, dem Rum und der Milch in einen Shaker geben, alles gut miteinander vermischen, auf 4 Gläser verteilen.
2. Die Erdbeeren putzen, waschen, gut abtropfen lassen und auf oder an den Glasrand stecken. Den Drink mit der Zitronenmelisse garnieren.
(auf dem Foto unten: links)

Coconut-Drink

Für 4 Portionen
Zubereitungszeit: 10–15 Min.
ca. 530 kcal/2 225 kJ

500 g Schokoladeneis
4 Gläser Aprikosensaft
1 Tasse Kokosnußlikör
1 Tasse Orangenlikör
¼ l süße Sahne

zum Garnieren:
etwas Kirschlikör
1 Tasse Zucker
einige Ananasstückchen
einige Kaiserkirschen
einige Pfirsichstückchen
einige Zweige Pfefferminze

1. Das Schokoladeneis mit dem Aprikosensaft, dem Kokosnußlikör, dem Orangenlikör und der Sahne in einen Shaker geben und gut miteinander vermischen.
2. 4 Cocktailgläser mit dem Glasrand zuerst in Kirschlikör, dann in Zucker tauchen. Dadurch entsteht ein roter Crustarand. Den Drink in die Gläser füllen.
3. Die Ananas, die Kaiserkirschen und die Pfirsichstückchen auf 4 Cocktailspieße stecken und mit Pfefferminzzweigen garnieren. Die Spieße in den Drink stecken und sofort servieren.
(auf dem Foto unten: rechts)

Schokoladenpudding

Für 4 Portionen
Zubereitungszeit: 75–80 Min.
ca. 800 kcal/3350 kJ

Pudding:

¼ l Milch
75 g Butter
75 g Zucker
100 g geriebene Zartbitterschokolade
125 g süße Sahne
1 TL geriebene Zitronenschale
1 Päckchen Vanillepuddingpulver
1 Päckchen Vanillezucker
4 EL Kakaopulver
½ Tasse Kakaolikör

zum Verzieren:

1 geschälte Birne
1 geschälter Apfel
100 g Erdbeeren
100 g blaue und weiße Weintrauben
125 g süße Sahne
1 Päckchen Vanillezucker
4 EL Schokoladenstreusel

1. Die Milch mit der Butter, dem Zucker und der Schokolade zum Kochen bringen. Die Sahne mit der Zitronenschale und dem Vanillepuddingpulver verrühren, in die Milch geben und aufkochen. Den Vanillezucker, das Kakaopulver und den Kakaolikör unterrühren. Den Pudding in eine Schüssel gießen und ca. 1 Std. im Kühlschrank erkalten lassen.

2. Die Birne und den Apfel entkernen, in dünne Scheiben schneiden. Die Erdbeeren und die Weintrauben halbieren, die Weintrauben entkernen. Die Früchte auf dem Pudding anordnen.

3. Die Sahne mit dem Vanillezucker steif schlagen, in einen Spritzbeutel füllen und den Pudding damit verzieren, mit den Schokoladenstreuseln bestreuen.

Feinschmecker-Tip

Noch besser schmeckt der Pudding, wenn Sie ihn mit Maraschinofrüchten servieren. Die Früchte werden dazu in einer Schüssel mit 2–3 EL Puderzucker bestreut und mit 6 cl Maraschinolikör gemischt.

Rezeptverzeichnis

Abkürzungen:
EL = Eßlöffel
Msp. = Messerspitze
TL = Teelöffel

Temperaturstufen:
Die Angaben in diesem Buch beziehen sich auf Elektrobacköfen.

Elektrobackofen	**Gasherd**
150° C/160° C	Stufe 1
175° C/180° C	Stufe 2
200° C	Stufe 3
220° C/225° C	Stufe 4
240° C	Stufe 5
250° C	Stufe 6

Bei einem Heißluftherd sind niedrigere Wärmegrade als beim Elektrobackofen ausreichend; es sei dazu auf die Bedienungsanleitung des Gerätes verwiesen.

Kalorienangaben:
Alle Kalorienangaben in diesem Buch beziehen sich auf 1 Stück oder 1 Portion.

In der Serie „Falken-Feinschmecker" sind außerdem erschienen: Pizzas (Nr. 0815), Saucen (Nr. 0817), Vollkorngebäck (Nr. 0816), Mikrowellenkochbuch (Nr. 0818), Eintöpfe (Nr. 0820)

CIP-Kurztitelaufnahme der Deutschen Bibliothek

Schroer, Josef:
Zart schmelzende Versuchungen Schokolade / Josef Schroer – Niedernhausen/Ts.: Falken-Verlag, 1986.
(Falken-Feinschmecker)
ISBN 3-8068-0819-8

ISBN 3 8068 0819 8

Fotos und Titelbild: TLC-Foto-Studio GmbH, Bocholt
Fotos S. 4, 5 und 7: Werksfotos der Alfred Ritter GmbH & Co. KG Schokoladenfabrik, 7035 Waldenbuch
Rezeptbearbeitung: Fritz Faist

Gesamtproduktion: Falken Verlag GmbH, D-6272 Niedernhausen/Ts.

817 2635 4453 6271